ELIA ANGELINI

VIVERE PER SEMPRE

**Come Vivere Per Sempre
Con Wirebook Aldilà del Social**

Titolo

"VIVERE PER SEMPRE"

Autore

Elia Angelini

Editore

Bruno Editore

Sito internet

http://www.brunoeditore.it

Tutti i diritti sono riservati a norma di legge. Nessuna parte di questo libro può essere riprodotta con alcun mezzo senza l'autorizzazione scritta dell'Autore e dell'Editore. È espressamente vietato trasmettere ad altri il presente libro, né in formato cartaceo né elettronico, né per denaro né a titolo gratuito. Le strategie riportate in questo libro sono frutto di anni di studi e specializzazioni, quindi non è garantito il raggiungimento dei medesimi risultati di crescita personale o professionale. Il lettore si assume piena responsabilità delle proprie scelte, consapevole dei rischi connessi a qualsiasi forma di esercizio. Il libro ha esclusivamente scopo formativo.

Sommario

Prefazione di Stefania Sabatelli — pag. 5

Introduzione — pag. 8

Capitolo 1: Cinque segreti per vivere per sempre — pag. 16

Capitolo 2: Atteggiamento — pag. 29

Capitolo 3: Eredità virtuale — pag. 49

Capitolo 4: Riflessione personale — pag. 61

Capitolo 5: Vivere "aldilà del social" — pag. 74

Conclusione — pag. 98

Prefazione
di Stefania Sabatelli

Sono proprietaria di più aziende e marchi consolidati di fama nazionale e internazionale e sto raggiungendo risultati che mi gratificano e mi entusiasmano molto dal punto di vista sia lavorativo, sia emozionale ed economico.

Un giorno un amico è venuto in azienda e mi ha proposto un progetto, dicendomi: «Che ne penseresti se in qualche modo facessimo vivere per sempre tutte le persone?» Mi girai stupefatta e gli dissi: «Tu sei proprio matto!» E lui replicò: «Per fare cose che per gli altri sono impossibili, bisogna essere matti, ed è per questo che sono da te, sei l'unica persona matta come me che sono riuscito a trovare in due anni. Benvenuta nel club».

È andata proprio così. Dopo aver pensato alla proposta, senza dormire per qualche notte, ho accettato la sfida e ci siamo subito messi al lavoro affinché questo progetto, a un primo impatto sconvolgente, prendesse forma. Uno dei brand di cui sono proprietaria "Stone Memories inciso, nel mio cuore", effettivamente poteva essere integrato nel progetto che Elia Angelini mi aveva proposto diventando, così, un riferimento reale e visivo dello stesso.

In questo libro, intitolato *Vivere per sempre*, Elia Angelini indicherà alcuni piccoli gesti che quotidianamente siamo soliti fare e che ci daranno la possibilità di vivere per sempre nei cuori dei nostri cari, amici e conoscenti, permettendoci di rimanere immortali nella memoria delle persone a noi più care.

Vivere per sempre ha lo stesso obiettivo che avevo io quando ho creato il brand "Stone Memories" e cioè quello di aiutare le persone a mantenere vivo il proprio ricordo e quello delle persone amate, oltre a quello di eliminare barriere legate alla distanza. Questo sarà possibile grazie a Wirebook, un portale social dedicato alla memoria.

Che dire di più, quando più "matti" trovano idee comuni forse vuol dire che qualcosa di normale c'è. Il mondo cambia e si adegua velocemente. Sono certa che le nostre visioni comuni serviranno a qualcosa di positivo.

A voi auguro buona lettura e al mio amico Elia Angelini e a tutto lo staff di Wirebook, che lavora dietro le quinte, me compresa, una buona riuscita nel nostro proposito.

Stefania Sabatelli

Introduzione

Il desiderio di vivere per sempre lo abbiamo tutti, nasciamo con questo desiderio, sembra quasi che sia scritto nel nostro DNA. E in realtà è proprio così. A prescindere dalla nostra appartenenza religiosa o dal Dio in cui crediamo, siamo tutti convinti che continueremo a vivere anche dopo la morte; quello che cambia, nelle credenze umane, è solo il dove si continuerà a farlo.

Analizzato questo aspetto comune, vi racconto cosa mi ha spinto personalmente a pensare, e poi a creare assieme ai miei collaboratori, la piattaforma Wirebook, e in particolare questa funzione. Cosa mi ha portato a pensare a questo progetto? Semplice, l'idea di creare qualcosa che rendesse la nostra vita "indimenticabile".

Circa un mese prima del mio matrimonio, ho subìto il primo grande vuoto nel mio cuore: avevo solo 21 anni e mio padre si è addormentato nella morte. Purtroppo il primo scherzo importante che la vita mi ha riservato l'ho subìto proprio quando iniziavo a essere maturo, e allo stesso tempo solo in quel periodo cominciavo a dare il giusto peso ai suoi insegnamenti e ad apprezzarli. Avrei voluto sapere e conoscere altre sue esperienze di vita, altri insegnamenti, condividere e scambiare pensieri con lui, magari leggere un suo libro o un diario in cui raccontava le sue esperienze, ma è andata così.

Finita la tempesta, nella mia vita apparve un sole meraviglioso: la nascita di mia figlia. L'unico rammarico era che lei non avrebbe mai conosciuto suo nonno; in quel periodo non esistevano neanche i telefoni cellulari e le foto non erano all'ordine del giorno. Qualche anno di grande serenità, e di nuovo un grande vuoto: quando mia figlia era ancora piccola, venne a mancare anche mia madre.

Da quel momento nella mia mente si è innescato un pensiero fisso: la paura di non poter rivedere o ricordare i momenti più belli trascorsi con loro. Era scontato che non avrei mai potuto dimenticare i miei genitori, ma il pensiero che vivessero solo in me non mi bastava. Volevo condividere il loro vissuto con gli altri, soprattutto con mia figlia, che non aveva avuto la possibilità di conoscerli. E da lì il pensiero di non voler essere, a mia volta, dimenticato in futuro.

Così ho deciso di mettere la mia esperienza a disposizione di chi, come me, non vuole dimenticare e non vuole essere dimenticato. Vivere "aldilà del social" vuol dire tutto questo e tanto altro. In un certo senso ci rende "immortali". Compensa i nostri vuoti con il ricordo, darà un prosieguo di noi quando ci addormenteremo con la speranza nella resurrezione e, chissà, quando ci risveglieremo saremo felici di sfogliare il nostro Mybook elettronico insieme ai nostri a cui lo abbiamo lasciato in eredità.

Come ben sappiamo, già da tempo sempre più persone e aziende, ogni giorno, sono attive sui social network e sulle piattaforme dedicate di ogni genere a cui hanno accesso praticamente da qualsiasi dispositivo fisso o mobile. Le persone sono sempre più connesse, coltivano amicizie, comunicano senza limiti di distanza né barriere di ogni genere, e questo ha permesso una grande evoluzione in ogni settore, nessuno escluso. O forse sì.

Ripensandoci, c'è un settore che va "aldilà del social". In questo libro esamineremo 5 segreti che ci permetteranno di rimanere immortali per sempre nella memoria delle persone a noi più care. *Vivere per sempre* ha l'obiettivo di aiutare le persone a mantenere vivo il ricordo proprio e delle persone amate e, allo stesso tempo, eliminare barriere legate alla distanza.

Questo sarà possibile grazie a Wirebook. Per mezzo del social Wirebook, luogo digitale di aggregazione dedicato e finalizzato al solo scopo di avere un luogo rispettoso e univoco, l'utente, che chiameremo il signor Rossi, si iscrive per pubblicare la pagina dedicata al nonno defunto. Tramite l'opzione "condividi", gli viene offerta la possibilità, con un semplice click, di invitare i propri cari. Attivandone la funzione, il sistema è in grado di sincronizzarsi ai contatti mail e social del signor Rossi e rendere veloce l'invio della mail.

La mail che viene generata in automatico dal portale, contenente un breve messaggio di condivisione della pagina del defunto, a discrezione del signor Rossi può essere inviata contemporaneamente a tutti i contatti letti dal sistema, oppure solamente a quelli che vengono selezionati. Il destinatario della mail del signor Rossi riceve un breve messaggio a suo nome con l'invito di condivisione della pagina del defunto tramite un link che rimanda a Wirebook. Cliccando sul link si viene reindirizzati alla pagina dedicata.

Per accedere all'area riservata della pagina, viene richiesto il login, in caso di utente già registrato, o di effettuare l'iscrizione. Per favorire e velocizzare i tempi di iscrizione viene offerta la possibilità di registrarsi tramite altri social con un veloce passaggio. Così facendo, il signor Rossi convoglia un certo numero di contatti che, a loro volta, potranno pubblicare altre pagine e coinvolgere altri parenti e amici rendendone possibile, così, l'estensione.

Per mezzo di Wirebook le persone potranno ricordare in ogni momento i propri cari e, nello stesso tempo, anche commemorare, di anno in anno, il loro ricordo coinvolgendo, se vogliono, amici e conoscenti. Ma soprattutto questo avverrà in un luogo appropriato ed esclusivamente adibito a tale scopo.

Una delle cose più belle che si potranno fare per mezzo di Wirebook è scrivere su My Book, un'area riservata e con diversi filtri di privacy dove poter scrivere, giorno dopo giorno, una pagina della propria vita con la possibilità di inserire le foto più significative della giornata appena trascorsa, compresi dei video-ricordo. Si tratta di un diario virtuale che, giorno per giorno, vi chiederà quali sono le tre cose più belle che avete fatto durante la giornata, dandovi la possibilità di ricordarle e conservarle. Inoltre vi porrà un'altra domanda: pensare a una cosa andata storta nella giornata e trarne una lezione per il futuro. Il tutto sarà corredato da immagini, video e pensieri per lasciare ricordi e lezioni di vita pratiche a chi vi sta a cuore.

Sono piccole azioni quotidiane che ci daranno la possibilità di lasciare un ricordo eterno ai nostri cari quando non ci saremo più. Bello vero? Rivivere una splendida giornata passata con un nostro caro – o ricordare un suo pensiero che ci ha guidato nel corso del tempo – non ha prezzo. Una vera eredità virtuale. Comunque di questo parleremo più avanti, nei prossimi capitoli.

Un motivo molto forte che mi spinge a scrivere questo libro è il fatto che molte persone vengono dimenticate, secondo me ingiustamente; infatti nasciamo tutti uguali, con gli stessi diritti, e non vedo il motivo per cui solo alcuni, "eletti da non so chi", debbano essere ricordati dopo la morte più di altri. Per mezzo di questo libro vedremo come fare affinché ognuno di noi possa lasciare un segno ed essere ricordato per quello che ha fatto.

Ognuno di noi ha fatto qualcosa di eccellente per più o meno persone, ma questo è relativo. Quello che per me conta veramente adesso è ricordare e lasciare un segno positivo nel cuore delle persone che amiamo per essere ricordati a nostra volta. Sì, perché siamo tutti importanti. Sono importanti tutte le persone che hanno perso la vita; che sia successo in un terremoto, in un disastro o in un attentato, queste persone sono importanti ed è giusto che vengano ricordate.

Come abbiamo già detto prima, mantenere vivi i propri ricordi e attraverso di essi far continuare a vivere le persone è l'obiettivo principale di questo libro e, più avanti, nei prossimi capitoli, spiegheremo anche come fare una raccolta di foto e video dei momenti più belli della propria vita. In più vedremo anche come conservarli e archiviarli in una sorta di cassaforte dei nostri ricordi. Nel capitolo 3 spiegheremo come costruire una vera e propria eredità virtuale che consentirà celeri ricerche sui propri antenati, sulla propria famiglia, per ricostruire il percorso di vita delle generazioni.

In questo libro spiegherò come fare per non essere dimenticati e per non dimenticare nessun altro; non solo, scopriremo 5 segreti che ci permetteranno, per mezzo dei social, di guardare "aldilà del social" e vivere per sempre nel cuore e nella mente di chi ci vuole bene.

Nel primo capitolo faremo una panoramica dei cinque segreti per poter rimanere nella mente delle persone e scopriremo i passi da compiere.

Buona lettura!

Capitolo 1:
Cinque segreti per vivere per sempre

Quanti di noi non hanno desiderato, almeno una volta nella vita, di poter essere immortali? La scienza ci sta ancora lavorando, ma forse c'è un modo che ci permetterà di continuare a vivere: il ricordo. Ora proveremo a fornire dei suggerimenti per poterlo fare nel miglior modo possibile.

Come abbiamo già detto prima, la gente è sempre più connessa ai social e per questo anche noi, per vivere per sempre, ci serviremo del web.

Atteggiamento

Questo primo elemento può sembrare banale ma in realtà, se ci pensiamo bene, chi di noi avendo mostrato un atteggiamento generoso e facendo del bene incondizionato ha ricevuto dalla vita più di ciò che ha dato? Sarete d'accordo con me che nessuno dimentica il bene ricevuto, da chiunque arrivi, può essere un parente o una persona estranea, non è rilevante. È un dato di fatto che chi riceve del bene non dimentica il suo benefattore, e con il tempo cercherà sempre di ricambiare o, quantomeno, gliene sarà riconoscente. Questo permette, come analizzeremo più approfonditamente nei capitoli seguenti, di generare ricordi positivi e di scrivere nella mente e nel cuore delle persone.

SEGRETO n. 1: un atteggiamento positivo e altruistico è come un'eco: se lo pratichiamo, ci ritorna indietro.

Uno dei mezzi di cui abbiamo bisogno per scrivere nel cuore simbolico dei ricordi può essere una fotocamera o una videocamera. Nei tempi in cui viviamo non è difficile reperire questi mezzi, visto che ognuno di noi ne ha uno sul proprio smartphone. La cosa da fare è semplice: cogliere ogni attimo memorabile della nostra vita e immortalarlo per poi conservarlo accuratamente affinché divenga un bel ricordo per chi lo riceve in eredità. Come dicevamo prima, tutti i ricordi che accumuliamo nell'arco della vita dobbiamo conservarli e fare in modo che vengano trovati quando non ci saremo più.

SEGRETO n. 2: immortalare i momenti più belli delle nostre giornate costantemente ci dà la possibilità di accumulare una vera e propria eredità virtuale.

Per questo ci serviremo di piattaforme web adatte e costruite solo per tale scopo. Una di queste è Wirebook. Questa piattaforma, oltre alle tante opportunità, ci mette a disposizione My Book, dove poter scrivere giorno dopo giorno una pagina della propria vita con la possibilità di inserire le foto più significative della giornata appena trascorsa, compresi dei video-ricordo.

Un diario virtuale che, giorno per giorno, vi chiederà quali sono le tre cose più belle che avete fatto durante la giornata, dandovi la possibilità di ricordarle e conservarle. Inoltre vi porrà un'altra domanda: pensare a una cosa andata storta nella giornata e trarne una lezione per il futuro. Il tutto sarà corredato da immagini, video e pensieri per lasciare ricordi e lezioni di vita pratiche a chi vi sta a cuore.

Permette di ricordare e commemorare le persone a noi care, i personaggi famosi, le ricorrenze che non possiamo dimenticare per le crudeltà inflitte al genere umano, come gli attentati, catastrofi naturali e così via, che ci servono per riflettere e sensibilizzare i cuori più duri. Permette inoltre di conservare i nostri bei ricordi, collezionati nel tempo, archiviandoli in un'area dove saremo noi a decidere chi e quando potrà vederli.

Per mettere correttamente in pratica il secondo segreto, ci serviamo anche del terzo, che ci permetterà di scegliere il luogo virtuale più adatto all'occasione.

Eredità virtuale
Nella vita reale, quando dobbiamo fare qualsiasi cosa, scegliamo il luogo più adatto. Anche nel web dovremmo fare la stessa cosa. Faccio un esempio: se una persona si deve sposare, sceglie la sala ricevimenti adeguata, non si ferma al primo ristorante che gli capita sotto mano, senza togliere nulla al ristorante, ma semplicemente perché magari non è attrezzato per organizzare ricevimenti.

Se una persona deve allenarsi, se deve fare sport, sceglie una palestra o un centro sportivo facendo delle valutazioni più accurate, entrando nello specifico e valutando il tipo di sport che vuole praticare. Sul web è la stessa cosa: se una persona vuole socializzare, sceglie Facebook, se invece deve lavorare, usa LinkedIn.

Nel nostro caso specifico, per ricordare o farsi ricordare dai propri cari e amici, bisogna essere sulla piattaforma giusta. Come sceglierla? Vediamo alcuni requisiti importanti:
- deve essere settoriale;
- deve essere dedicata al suo fine, il ricordo;
- deve dare la possibilità di creare pagine commemorative;
- deve dare la possibilità di archiviare in modo sicuro, con i filtri di privacy adeguati per i file personali e tante altre caratteristiche che scopriremo più avanti.

La piattaforma che oggi più di altre rispecchia la maggior parte di questi requisiti è Wirebook. Oltre a tutto questo, ci permette di creare una vera eredità virtuale da poter tramandare di generazione in generazione.

SEGRETO n. 3: scegliere il luogo virtuale più adatto per

conservare la nostra eredità virtuale è importante quanto scegliere dove custodire le cose di valore.

Wirebook ci permette di fare anche altro, ma questo lo vedremo nel quarto segreto.

La riflessione

Il terzo segreto che ci aiuta a rimanere vivi nella mente delle persone è la riflessione. Perché? Riflettere sugli eventi tragici che, giorno dopo giorno, si susseguono ci permette di sensibilizzare il nostro cuore, di far sì che possiamo meditare su quante vittime innocenti hanno perso la vita. Gli eroi che la perdono per salvare altri e tutte le persone che attivamente si impegnano quando ci sono disastri o attentati hanno il diritto di non essere dimenticati.

SEGRETO n. 4: riflettere su avvenimenti poco piacevoli e ricordare chi ha perso la vita per salvarne altre ci predispone alla solidarietà e alla prevenzione.

Riflettere ci dà la possibilità di migliorarci e di essere persone propense a fare del bene e questo ci riporta al primo segreto:

avere un atteggiamento positivo facendo del bene senza tornaconto e lasciare un segno positivo nel cuore delle persone. Nessuno dimentica il bene ricevuto. È un dato di fatto: chiunque riceva del bene non dimentica da chi lo ha ricevuto e con il tempo cercherà sempre di ricambiare o di essergli riconoscente. Quanto meno la nostra coscienza ci aiuterà a riflettere, rendendoci persone migliori. Tutto questo genera ricordi positivi e ci permette di ricordare tutti gli eroi e le vittime innocenti che hanno perso la vita per salvare quella degli altri.

"Aldilà del social"
Il quarto segreto è un po' provocatorio, perché parleremo di persone "famose", ma non dei vip. Non voglio parlarne perché non è il momento più adatto, loro non fanno fatica a essere ricordati, in genere la gente li ricorda facilmente. Le persone che vorrei fossero "famose" e ricordate anche più delle altre sono gli eroi invisibili, persone che hanno fatto tanto per salvare altre vite rischiando la propria, ma anche martiri innocenti, vittime di abusi e violenze gratuite.

Purtroppo la vita è diventata frenetica, la gente ha sempre meno tempo ed è per questo motivo che si avvale sempre di più del web e dei mezzi elettronici a disposizione, attraverso i quali si possono quantomeno commemorare i propri eroi e ricordare quanto hanno fatto per gli altri.

Tutto ciò è possibile farlo. Guardiamo "aldilà del social" con una nuova visione. Tramite siti web di settore, come il portale Wirebook, con tutte le sue funzioni, potremo dare voce ai nostri ricordi ogni volta che vorremo farlo. Potremo aiutare e far sentire il nostro affetto ai loro familiari con un semplice click.

SEGRETO n. 5: per mezzo di Wirebook possiamo essere tutti eroi del bene e diventare famosi.

Dopo tutto la tecnologia serve anche a questo. È nostro dovere di esseri umani sostenere i nostri simili quando affrontano delle prove difficili nel corso della vita. Se ci riflettiamo, può succedere a ognuno di noi.

Il prossimo segreto ci aiuterà ad analizzare alcune delle prove della vita nascoste dietro l'angolo, da cui nessuno è immune.

Prenderemo in considerazione alcune prove che la vita, nel suo corso, ci pone dinanzi e come superarle emotivamente in modo del tutto positivo. Chi può dire di esserne immune? La risposta è ovvia: nessuno.

Questo segreto lo voglio esaminare maggiormente dal punto di vista di una terza persona, e un po' meno da chi subisce la prova, anche se in realtà la prova si subisce insieme. Facciamo l'esempio di una persona a cui viene diagnosticata una malattia incurabile. Il soggetto malato entra in un tunnel che metabolizzerà in base alla sua capacità di reagire e al punto di vista da cui esamina il problema.

Ma lo stesso problema lo avranno anche i suoi familiari, il coniuge, se è sposato, o un figlio, se ce l'ha, e chiunque gli sia affezionato. Spesso chi assiste un malato terminale ha bisogno di un sostegno maggiore che non sempre arriva. Un aiuto può essere dato dalla certezza che il proprio caro resterà nel suo cuore. A questo punto ritorna in mente il secondo segreto: scrivere nel cuore delle persone, creare tanti ricordi belli e conservarli.

In questo segreto abbiamo visto che azioni semplici e quotidiane, immortalate in foto di famiglia o in video di esperienze avute in vacanza, di una giornata al lago con il figlio, di una splendida giornata in campagna o al mare con amici, o con i genitori avanti negli anni, sono ricordi che, se ben conservati nel posto giusto, ci aiuteranno a vivere per sempre.

A nostra disposizione abbiamo anche i video, un mezzo molto più potente delle foto. Il video ci permette di rivivere i nostri momenti belli e meno belli, ogni volta che ne sentiamo il bisogno; e, soprattutto, quei momenti potranno vivere per sempre. Rivedere un video di come ci si è presi cura di un nostro familiare – o viceversa, se il nostro familiare si è preso cura di noi – porterà alla mente bei ricordi e molto apprezzamento per il bene ricevuto. Il sostegno dei familiari vale più dell'oro per chi lo riceve, perché ti fa sentire il calore di chi ti ama, anche se a volte non basta. Il prossimo e ultimo segreto ci è di aiuto quando il sostegno delle persone a noi più care non è sufficiente.

Affrontiamo le prove con una visione positiva
È difficile affrontare una prova con una visione positiva, ma non

impossibile. Il primo segreto che abbiamo descritto parla dell'atteggiamento positivo, un'attitudine che dovremmo imparare a gestire sempre, sia quando le cose vanno bene, sia quando vanno male.

Se siamo ben allenati ad avere un atteggiamento positivo, ci sarà più facile gestire anche le prove che nel percorso della vita tutti, chi più chi meno, dobbiamo affrontare. Il sostegno dei propri cari, amici, volontari e altri aiuti esterni è un contorno prezioso per chi è messo alla prova, riscalda il cuore, mentre uno spirito abbattuto è dannoso. L'atteggiamento positivo allevia il dolore del momento.

SEGRETO n. 6: diamo un sostegno prezioso a chi è provato dalla vita e sicuramente guariremo le ferite del suo cuore.

Nei capitoli che seguono, verranno ampliati e spiegati più nel dettaglio, uno per uno, dal primo segreto fino al quinto. Come abbiamo visto nei segreti precedenti, ogni volta che facciamo qualcosa nella vita, o ancora da prima, quando scegliamo di fare qualcosa, ci poniamo delle domande su cosa fare in un determinato caso piuttosto che in un altro: come scegliere, cosa scegliere e quale sia la scelta più giusta eventualmente da fare per l'occasione specifica.

Anche l'aiuto pratico dei nostri è molto importante. Nel paragrafo precedente si parlava di prove, di come un familiare, una persona a noi cara non possa farcela da sola. Sono le prime persone a prendersi cura dei propri cari, ma questo può non bastare. A volte, in base alle prove che una persona subisce nella vita, c'è bisogno di adottare un atteggiamento positivo e nel prossimo capitolo analizzeremo bene nel dettaglio come poterlo fare nel migliore dei modi. È una scelta importante.

RIEPILOGO DEL CAPITOLO 1:

- SEGRETO n. 1: un atteggiamento positivo e altruistico è come un'eco: se lo pratichiamo, ci ritorna indietro.
- SEGRETO n. 2: immortalare i momenti più belli delle nostre giornate costantemente ci dà la possibilità di accumulare una vera e propria eredità virtuale.
- SEGRETO n. 3: scegliere il luogo virtuale più adatto per conservare la nostra eredità virtuale è importante quanto scegliere dove custodire le cose di valore.
- SEGRETO n. 4: riflettere su avvenimenti poco piacevoli e ricordare chi ha perso la vita per salvarne altre ci predispone alla solidarietà e alla prevenzione.
- SEGRETO n. 5: per mezzo di Wirebook possiamo essere tutti eroi del bene e diventare famosi.
- SEGRETO n. 6: diamo un sostegno prezioso a chi è provato dalla vita e sicuramente guariremo le ferite del suo cuore.

Capitolo 2:
Atteggiamento

Bene siamo giunti al secondo capitolo. Nel primo abbiamo fatto una carrellata dei cinque elementi principali che ci permetteranno di vivere per sempre nella mente e nel cuore delle persone. Molto spesso la gente tende a ricordare maggiormente le cose quando riceve un torto o quando magari si trova in una situazione spiacevole. Forse spinta da un senso di rabbia o di ingiustizia subita, lasciando una sensazione poco piacevole.

In ogni modo, quello che noi cercheremo di fare è cambiare tendenza, cambiare il nostro atteggiamento semplicemente gestendo quelle situazioni negative e traendo da esse quelle positive. Ogni giorno per forza ci ritroveremo a gestire diverse situazioni ed è assolutamente normale che siano diverse per qualità, piacere o dolore, ma in ogni caso possiamo trarre sempre il meglio da qualsiasi situazione affrontiamo.

È una questione di allenamento dell'attitudine mentale che coltiviamo. Più cerchiamo di avere un atteggiamento positivo, migliori saranno i rapporti con gli altri in qualsiasi situazione ci troveremo ad affrontare. Inoltre è sempre meglio essere conosciuti e ricordati come persone positive, generose e buone che come persone vili, scorrette e con brutte caratteristiche comportamentali.

SEGRETO n. 1: cambiare il nostro atteggiamento sarà utile per trasformare le situazioni negative traendo da esse quelle positive.

Sia durante il corso della vita, sia quando non ci saremo più, ognuno di noi vorrebbe essere ricordato come una brava persona; quindi, per far sì che ciò avvenga, bisogna impostare la nostra vita in un certo modo, applicando delle sane abitudini di comportamento e rispettando gli altri. Fare del bene ogni volta che ne abbiamo la possibilità, ripetuto per tante volte durante tutto l'arco della vita, ci permette di dare un'immagine positiva agli occhi di tutti quelli che ci hanno conosciuto.

Applicando questi semplici consigli, ogni volta che verremo in mente ai nostri amici, parenti o a chiunque ci conosca, saremo ricordati immediatamente come brave persone e classificati come tali. Questo segreto, che poi tanto segreto non è, può sembrare una cosa da poco, ma in realtà, ripensandoci, chi di noi, avendo ricevuto un qualcosa di positivo, un aiuto o del bene in generale poi ha dimenticato la persona da cui lo ha ricevuto?

Sarete d'accordo con me che nessuno dimentica il bene ricevuto, da chiunque arrivi, può essere un parente un familiare, una persona estranea, non è rilevante. È un dato di fatto che chi riceve del bene non lo dimentica facilmente, specie se viene fatto da persone che abitualmente si comportano facendo del bene, senza un tornaconto personale. Il motivo è semplice: perché si viene classificati come persone con una certa etica e che hanno un comportamento altruistico.

La stessa cosa accade quando un soggetto è scontroso o con un carattere spigoloso: viene ricordato come un rompiscatole o quantomeno come una persona poco socievole perché il nostro modo di agire ci classifica in qualche modo, che ci piaccia o no.

SEGRETO n. 2: praticare il bene ci permette di dare un'immagine positiva agli occhi di tutti quelli che ci conoscono.

Vorrei raccontarvi qualche episodio realmente accaduto. Tempo fa un ragazzo molto giovane ha dovuto subire una prova riguardo alla malattia del proprio padre. Riceveva supporto sia emotivo sia pratico, non era solo. Questo ragazzo dal cuore buono era circondato a sua volta da brave persone, da amici e parenti che gli volevano bene, e tutto questo ha avuto un impatto molto positivo sulla sua vita; quel ragazzo non si è mai sentito solo nell'affrontare quella prova difficile in cui si era trovato e questo gli è stato di esempio per la vita. Tutto questo gli ha lasciato dei ricordi positivi.

Non tutti però hanno un passato felice, magari alcuni vivono situazioni ostili sia in famiglia sia nella propria cerchia di amici e questo, come nel caso precedente, condiziona in modo significativo il soggetto fin dalla tenera età, in modo negativo. Anche se ciò accade, nulla è definitivo, tutto si può cambiare. Per farlo bisogna invertire il modo di vedere le cose e di agire. Se qualcuno ci fa del male, noi rispondiamo con un gesto gentile. Gesto dopo gesto, ci aiuterà a cambiare direzione.

Come si diceva prima, è tutto questo che ci permette di rimanere nella mente delle persone che ci circondano, e avendo avuto esperienze molto positive e molto belle, a distanza di tantissimi anni quando si parla con gli altri dei ricordi passati, la prima cosa che viene in mente è la loro immagine.

Sono ricordi incisi nel cuore di quel ragazzo ormai adulto. Quelle immagini, gli amici presenti, i familiari, vivono nella mente e nel cuore del ragazzo, anche se alcuni di loro non ci sono più fisicamente. Altri sono cresciuti, hanno subìto anche loro delle difficoltà e sono stati aiutati, a loro volta è stato loro ricambiato il sostegno e l'aiuto meritato. Tutto questo, a distanza di anni, porta a ricordare queste persone e a portarle nel cuore.

Sì, vivono per sempre nella mente e nel cuore di quel ragazzo. A distanza di tanti anni, quando si parla del papà, gli occhi di quel ragazzo brillano nel ricordo. Pensando agli ultimi giorni di vita del suo papà, il ragazzo ricorda con molta riconoscenza tutte le persone che gli sono state vicino e tutto l'aiuto che gli è stato dato fino agli ultimi istanti di vita di suo padre, ma anche il supporto ricevuto in seguito.

Un'altra esperienza che vorrei raccontare è quella di una persona che, a un certo punto della sua vita lavorativa, si è trovata con dei problemi finanziari a causa di un lavoro andato male. A un tratto della sua vita, purtroppo, si è ritrovata a dover subire delle disgrazie.

La persona ha avuto la sfortuna di incontrare sul suo percorso lavorativo un soggetto senza scrupoli, che ha stravolto la sua vita. Avendo subìto tante prove negative a livello lavorativo, ha accumulato, in questo caso, dei ricordi molto tristi e per niente piacevoli. Allo stesso tempo però, come si dice, dopo la tempesta c'è sempre il sole. Per fortuna spesso capita che i veri amici ci siano nei momenti difficili. Grazie a loro questa persona adesso è uscita dal periodo buio.

L'aiuto che ha ricevuto dagli amici, che in questo periodo l'hanno supportata economicamente e moralmente, ha fatto sì che questa brutta esperienza non solo sia stata superata e dimenticata, ma si sia trasformata in modo favorevole, cancellando totalmente il periodo negativo e rendendolo positivo. Quei cari amici, grazie al loro fare del bene incondizionato, hanno generato un ricordo positivo e indelebile nella mente della persona, perché non le hanno girato le spalle.

Questa esperienza li ha resi immortali sia nella mente sia nel cuore di quella persona. Fare del bene incondizionato e avere un atteggiamento positivo sono un'ottima medicina. Una medicina che ha cancellato dalla mente i periodi bui e gli ha permesso di continuare il suo percorso di vita, prendendo come esempio le persone giuste che fanno del bene.

Fare del bene ogni volta che ne abbiamo la possibilità, ripetuto tante volte nell'arco della vita, ci permette di lasciare un'immagine positiva negli occhi di tutti quelli che ci hanno conosciuto.

SEGRETO n. 3: praticare il bene è curativo per chi lo riceve, aiuta a dimenticare i momenti bui.

Applicando questi semplici consigli, ogni volta che i nostri amici, parenti o tutti quelli che ci conoscono penseranno a noi, saremo ricordati immediatamente come brave persone e classificati come tali.

Facendo un breve riepilogo del secondo capitolo, "Fare del bene senza tornaconto e lasciare un segno positivo nel cuore delle persone" ci aiuterà a:
- tenere sempre in considerazione, quando trattiamo con i nostri simili, che avere un atteggiamento altruistico, generoso e positivo, al fine di fare del bene incondizionato, può generare nella mente dei nostri interlocutori ricordi positivi e duraturi;
- è un dato di fatto che chi riceve del bene non dimentica il suo benefattore e con il tempo cercherà sempre di ricambiare o di essergli riconoscente;
- fare del bene incondizionato ha un grande potere di gratificazione che addirittura aiuta a cancellare totalmente i pensieri e le vicende più bui della nostra vita.

Da ultimo vorrei chiudere con una testimonianza. La cito solo adesso perché vorrei che rimanesse viva nei cuori di tutti. Parlo di

Irena Sendler, che forse non tutti sanno chi sia. Irena Sendler, da nubile Irena Krzyżanowska, nata a Varsavia il 15 febbraio 1910 e deceduta nel suo paese d'origine il 12 maggio 2008, è stata un'infermiera e assistente sociale polacca che collaborò con la Resistenza nella Polonia occupata durante la Seconda guerra mondiale.

Divenne famosa per aver salvato, insieme a una ventina di altri membri della Resistenza polacca, circa 2.500 bambini ebrei, facendoli uscire di nascosto dal ghetto di Varsavia, fornendo loro falsi documenti e trovando loro rifugio in case al di fuori del ghetto.

Irena Sendler all'età di 32 anni

Irena Sendler nacque nella periferia operaia di Varsavia, da una famiglia polacca. Perse il padre, un medico, alla tenera età di 7 anni, nel febbraio 1917, che aveva contratto una malattia mentre assisteva ammalati che altri suoi colleghi si erano rifiutati di curare. Poiché molti di questi ammalati erano ebrei, dopo la sua morte, i responsabili della comunità ebraica di Varsavia, in segno di riconoscenza, si offrirono di pagare gli studi di Irena.

La ragazza sperimentò fin dall'adolescenza una profonda vicinanza ed empatia con il mondo ebraico. All'università, per esempio, si oppose alla ghettizzazione degli studenti ebrei e, come conseguenza, venne sospesa dall'Università di Varsavia per tre anni. Terminati gli studi, cominciò a lavorare come assistente sociale nelle città di Otwock e Tarczyn.

Durante la Seconda guerra mondiale, si trasferì a Varsavia e, sin da quando i nazisti occuparono la Polonia, nel 1939, cominciò a lavorare per salvare gli ebrei dalla persecuzione: con altri collaboratori, riuscì a procurare circa 3.000 falsi passaporti per aiutare famiglie ebraiche nonostante fossero affissi manifesti che minacciavano di morte i polacchi che avessero aiutato gli ebrei.

Come dipendente dei servizi sociali della municipalità, la Sendler ottenne un permesso speciale per entrare nel ghetto alla ricerca di eventuali sintomi di tifo, dato che i tedeschi temevano che un'epidemia di tifo avrebbe potuto spargersi anche al di fuori del ghetto stesso. Durante queste visite, la donna portava sui vestiti una stella di David come segno di solidarietà con il popolo ebraico e per non richiamare l'attenzione su di sé.

Irena, il cui nome di battaglia era "Jolanta", insieme ad altri membri della Resistenza, organizzò così la fuga dei bambini dal ghetto. I bambini più piccoli vennero portati fuori dal ghetto dentro ambulanze o altri veicoli.

In altre circostanze, la donna si spacciò per un tecnico delle condutture idrauliche e delle fognature: entrata nel ghetto con un furgone, riuscì a portare fuori alcuni neonati nascondendoli nel fondo di una cassa per attrezzi e alcuni bambini più grandi chiusi in un sacco di juta.

Nel retro del furgone, alcune volte aveva tenuto anche un cane addestrato ad abbaiare quando i soldati nazisti si avvicinavano, coprendo così il pianto dei bambini. Fuori dal ghetto, la Sendler forniva ai bambini dei falsi documenti con nomi cristiani e li portava nelle campagne, dove li affidava a famiglie cristiane, oppure in alcuni conventi cattolici. Altri bambini furono affidati direttamente a preti cattolici che li nascondevano nelle case canoniche.

Irena Sendler annotò i veri nomi dei bambini accanto a quelli falsi e seppellì gli elenchi dentro bottiglie e vasetti di marmellata sotto un albero del suo giardino, nella speranza di potere un giorno riconsegnare i bambini ai loro genitori.

Nell'ottobre 1943, la Sendler venne arrestata dalla Gestapo: fu sottoposta a pesanti torture. Le vennero fratturate le gambe, tanto che rimase inferma a vita, ma non rivelò il proprio segreto.

Condannata a morte, venne salvata dalla rete della Resistenza polacca attraverso l'organizzazione clandestina *Żegota*, che riuscì a corrompere con denaro i soldati tedeschi che avrebbero dovuto condurla all'esecuzione. Il suo nome venne così registrato insieme a quello dei giustiziati e, per i mesi rimanenti della guerra, visse nell'anonimato, continuando però a organizzare i tentativi di salvataggio di bambini ebrei.

Terminata la guerra e l'occupazione tedesca, i nomi dei bambini vennero consegnati a un comitato ebraico che riuscì a rintracciare circa 2.000 bambini, anche se gran parte delle loro famiglie erano state sterminate a Treblinka e negli altri lager.

La memoria storica dell'opera di Irena Sendler dovremmo ricordarla con queste sue parole: «Ogni bambino salvato con il mio aiuto è la giustificazione della mia esistenza su questa terra, e non un titolo di gloria». Che ne pensate, questa splendida persona non merita forse di vivere per sempre?

Facendo un breve riepilogo del secondo capitolo, fare del bene senza secondi fini e lasciare un segno positivo nel cuore delle persone:
- ci aiuterà a tenere sempre, quando trattiamo con i nostri simili, un atteggiamento altruistico, generoso e positivo al fine di fare del bene incondizionato per generare nella mente dei nostri interlocutori ricordi positivi e duraturi;

- è un dato di fatto che chi riceve del bene non dimentica il suo benefattore e con il tempo cercherà sempre di ricambiare o di essergli riconoscente;
- il fare del bene inoltre ha un potere lenitivo che addirittura aiuta a cancellare totalmente i pensieri e le vicende più buie della nostra vita.
- il bene messo in pratica da una splendida persona che ha rischiato letteralmente la vita per salvarne altre.

Oltre alla mente e al cuore, ci sono altri luoghi su cui incidere per sempre i nostri ricordi positivi. Questi luoghi sono virtuali e sono i social network.

Come possiamo vivere per sempre "aldilà del social"? Come possiamo scrivere nel cuore delle persone? Una parte importante l'abbiamo trattata nel capitolo precedente, ma non è tutto.

Possiamo farlo creando occasioni per stare insieme ai nostri amici, familiari e, perché no, anche ampliando la nostra cerchia di conoscenze. Dobbiamo ricordare che più situazioni piacevoli creiamo nella nostra vita, più momenti felici immortaliamo e condividiamo con gli altri e più cose scriviamo nel cuore degli altri.

SEGRETO n. 4: più situazioni piacevoli creiamo nella nostra vita, più momenti felici immortaliamo e condividiamo con gli altri e più cose scriviamo nel cuore.

Per creare dei ricordi ci basta solo avere alcuni mezzi che generalmente portiamo sempre con noi; possono essere, ad esempio lo smartphone, una videocamera o una fotocamera. Quindi, ciò che quotidianamente ci portiamo dietro è sufficiente per collezionare e conservare dei ricordi.

La cosa da fare è molto semplice: rendere le nostre azioni delle buone abitudini, cogliere ogni attimo memorabile della nostra vita e immortalarlo per poi conservarlo accuratamente affinché divenga un bel ricordo per chi lo riceverà in futuro come eredità. I ricordi che accumuliamo nell'arco della nostra vita sono un bene prezioso, che ce ne rendiamo conto oppure no.

Pertanto dovremmo prendere tutti l'abitudine di conservarli, farla diventare quasi una necessità, per fare in modo che vengano trovati da chi ci ha voluto bene, quando non ci saremo più. Questo potrebbe rivelarsi un dono molto prezioso per chi lo riceve. C'è chi pagherebbe qualsiasi cosa per avere un dono del genere!

SEGRETO n. 5: cogliere ogni attimo memorabile della nostra vita e immortalarlo per poi conservarlo accuratamente è un bel ricordo per chi lo riceverà in futuro come eredità.

Parlando con persone avanti negli anni, ho avuto modo di capire come facevano per tramandarsi i ricordi. Angelina, una nonnina di circa 90 anni, mi raccontava che era abitudine della sua famiglia, almeno due volte l'anno, sedersi intorno a un tavolo e rivedere le fotografie, che ovviamente all'epoca erano in bianco e nero. Così facevano rinascere nella loro mente tutti i momenti belli che avevano trascorso con parenti e amici e che avevano immortalato nelle varie occasioni.

Se pensassimo che a quei tempi non tutti potevano permettersi una macchina fotografica e che molti avrebbero voluto averne la possibilità, oggi non daremmo tutto per scontato. Angelina era molto entusiasta nel raccontarmi questi aneddoti, anche perché a quel tempo era come recarsi a una festa. In pochi, infatti, potevano permettersi una macchina fotografica. Oggi invece è tutto più semplice, la tecnologia migliora la nostra vita ogni giorno, quasi senza che ce ne rendiamo conto. Oggi abbiamo tutti uno smartphone con fotocamera e videocamera che ci permette in ogni istante di immortalare quello che desideriamo.

Lo facciamo nel migliore dei modi? Abbiamo la sana abitudine di conservare accuratamente le immagini più belle della nostra vita per poterle far trovare ai nostri cari quando non ci saremo più? Scriviamo il nostro My Book scegliendo le piattaforme giuste e organizziamo le immagini nei luoghi virtuali e nei modi più consoni a quello che vogliamo conservare?

Ai giorni nostri ci sono piattaforme web adatte e costruite solo per questo scopo, ossia per conservare dei ricordi, per far vivere per sempre le persone che amiamo o che abbiamo amato. Le emozioni che provava nonna Angelina con le foto in bianco e nero sono le stesse che proviamo noi oggi, e saranno le stesse che proveranno i nostri figli quando fisicamente non ci saremo più.

Sarà bello dare la possibilità ai nostri figli di poterci ricordare e di farci vivere nella loro mente e nel loro cuore per un tempo indefinito. Le emozioni che proviamo erano, sono e saranno sempre le stesse, semplicemente cambia il modo di acquisirle e soprattutto di conservarle.

SEGRETO n. 6: scrivere su My Book ogni giorno ci permetterà di collezionare in modo abitudinario pensieri, foto e video delle nostre giornate e conservarli accuratamente per i nostri figli.

In passato le foto si conservavano in qualche scatola di cartone o di latta, adesso si conservano virtualmente sui computer, ma ciò che non cambierà mai è l'emozione che un ricordo fa scaturire in ognuno di noi. Sintetizzando il concetto principale del terzo capitolo, possiamo confermare che i nostri ricordi potranno continuare a vivere. Le emozioni che proviamo sono le stesse che provavano i nostri antenati e che proveranno i nostri figli. Ma per far sì che tutto ciò avvenga bisogna compiere delle azioni costanti nel tempo. Vediamo quali.

Prendere delle abitudini che, spesso, sono già presenti in noi e "usarle" nel modo corretto. Ad esempio, tutti facciamo tante foto ogni giorno scrivendo il nostro My Book. Lo facciamo quando siamo in vacanza, alle feste con gli amici del cuore e non, al parco con nostro figlio, con la donna che amiamo, quando siamo al bar, quando siamo al ristorante davanti a una portata succulenta e ben impiattata, o in qualche posto da favola... e si potrebbe continuare all'infinito.

Il punto è: perché lo faccio? In genere le pubblico sui social solo per un appagamento momentaneo, magari per farmi grande agli occhi degli altri, per moda, per ostentare uno stile di vita da vip.

Quello che voglio portare alla vostra attenzione, nel contesto di questo libro, è qualcosa di diverso. La motivazione per cui vogliamo conservare i nostri ricordi è diversa: è renderci "immortali" per le persone a noi care e continuare a vivere anche "aldilà del social".

RIEPILOGO DEL CAPITOLO 2:

- SEGRETO n. 1: cambiare il nostro atteggiamento sarà utile per trasformare le situazioni negative traendo da esse quelle positive.
- SEGRETO n. 2: praticare il bene ci permette di dare un'immagine positiva agli occhi di tutti quelli che ci conoscono.
- SEGRETO n. 3: praticare il bene è curativo per chi lo riceve, aiuta a dimenticare i momenti bui.
- SEGRETO n. 4: più situazioni piacevoli creiamo nella nostra vita, più momenti felici immortaliamo e condividiamo con gli altri e più cose scriviamo nel cuore.
- SEGRETO n. 5: cogliere ogni attimo memorabile della nostra vita e immortalarlo per poi conservarlo accuratamente è un bel ricordo per chi lo riceverà in futuro come eredità.
- SEGRETO n. 6: scrivere su My Book ogni giorno ci permetterà di collezionare in modo abitudinario pensieri, foto e video delle nostre giornate e conservarli accuratamente per i nostri figli.

Capitolo 3:
Eredità virtuale

In questo capitolo capiremo come scegliere al meglio il social network più adatto per la nostra mission. Iniziamo con degli esempi. Nella vita reale, quando dobbiamo fare un acquisto, dello sport, delle commissioni oppure organizzare un matrimonio, scegliamo il luogo adatto a seconda della circostanza; anche nel web dovremmo fare la stessa cosa.

Se una persona si deve sposare, prima di iniziare a organizzare il giorno più bello della sua vita dovrà fare delle valutazioni e delle scelte. La sala per il ricevimento, il fotografo, la lista di nozze, la chiesa o altri luoghi simili per consacrare quel giorno e tante altre cose saranno oggetto di un'attenta valutazione.

Ora prendiamo in esame il ristorante. Sappiamo molto bene che non ci rivolgeremmo a quello sotto casa o a quello di cui magari siamo clienti abituali la domenica a pranzo, ma faremmo una scelta adeguata all'occasione. Ci assicureremmo che possa ospitare il numero di persone desiderato, che la cura e la bellezza del posto siano impeccabili, o comunque nei nostri standard, valuteremmo la professionalità del personale, il nostro budget e il prezzo che viene proposto e tanti altri fattori che possono determinare la nostra scelta tra i vari concorrenti che il mercato offre. Non andremmo mai dal primo ristorante che ci capita sotto mano, senza togliere nulla a nessuno, semplicemente perché non tutti i ristoranti sono attrezzati per organizzare matrimoni.

Lo stesso discorso vale per chi deve fare sport. Sceglie una palestra o un centro sportivo come prima analisi, poi entra nel merito della decisione più approfonditamente. Come per la sala ricevimenti, per il centro sportivo, o per qualsiasi altra scelta, teniamo in considerazione prima di tutto l'obiettivo e il risultato che vogliamo raggiungere e poi scegliamo.

Sul web vale lo stesso principio. Se una persona dovesse socializzare o fare marketing o tante altre cose che si possono richiedere a un social, magari sceglierebbe Facebook, se dovesse creare un profilo professionale, sceglierebbe LinkedIn, se esercitasse la professione di avvocato userebbe piattaforme per avvocati e così via.

SEGRETO n. 1: scegliere la piattaforma web più adatta per ogni obiettivo ci aiuta a raggiungerlo più in fretta.

Ogni professione e attività specifica possono avere a disposizione la piattaforma web adatta alle proprie necessità. Vuoi vivere per sempre? Anche in questo caso, puoi scegliere la giusta piattaforma web. Come?

Vediamo alcuni requisiti importanti in questo caso specifico:
- deve essere un luogo rispettoso;
- deve essere settoriale;
- deve essere dedicata al suo fine: il ricordo;
- deve dare la possibilità di archiviare, in modo sicuro e con i filtri di privacy, ricordi personali;
- deve dare la possibilità di scrivere il proprio My Book;
- deve dare la possibilità di creare pagine commemorative;
- non deve essere generica;
- non deve essere una sorta di mercatino dell'informazione;

non deve contenere messaggi negativi, violenti, razzisti e immorali.

Valutare accuratamente la scelta giusta, darà la possibilità di andare oltre, "aldilà del social", nel modo migliore possibile. La piattaforma che oggi più di altre rispecchia la maggior parte dei requisiti sopra elencati è Wirebook, che ci permette di fare anche altro, ma questo lo vedremo in seguito.

Nella vita offline, se devo comprare un paio di scarpe vado in un negozio che vende scarpe, se devo comprare articoli da ufficio vado in un negozio specializzato nella vendita di articoli da ufficio, e lo stesso può dirsi dei medicinali, di servizi e di tutto quello che entra un po' nello specifico di un prodotto. Poi ci sono i centri commerciali dove, ovviamente, possiamo trovare di tutto, ma in modo generico; se vogliamo qualcosa di specifico, dobbiamo recarci in un negozio specializzato nel settore di competenza. Con questo non voglio dire che l'uno escluda l'altro, ma che sono semplicemente due tipologie e categorie di attività che seguono logiche diverse.

Per fare un altro esempio, possiamo pensare a qualcosa che

dobbiamo conservare. In un centro commerciale non andremmo mai a conservare qualcosa, primo perché non sembra che ci sia la possibilità di farlo, secondo perché non è il luogo adatto. Nel negozio specifico, invece, sì. In settori specifici ci sono spazi dove si possono conservare le cose.

Per esempio, per i mobili ci sono aziende che, oltre alla vendita, fanno rimessaggio. Se devo conservare dei gioielli, denaro o altri beni di valore, mi reco in banca e prendo una cassetta di sicurezza in affitto. Funziona allo stesso modo sul web.

Ci sono delle piattaforme che, per somiglianza, possiamo paragonare al centro commerciale; sono piattaforme che vengono concepite per socializzare, per condividere tutto con tutti ma, come abbiamo detto prima, facendo l'esempio dei gioielli, le cose di valore le conserviamo nel luogo virtuale più adatto, quello che, a differenza di altri, è stato ideato per quello scopo specifico.

Una piattaforma web ideata per conservare i ricordi è Wirebook. Questa piattaforma ci dà la possibilità di creare il nostro My Book, di custodire i ricordi più belli della nostra vita e di lasciarli in eredità ai nostri cari, oppure di condividerli con chi vogliamo. Ci permette di ricordare e commemorare le persone a noi più care, o personaggi famosi, o ricorrenze che non possiamo dimenticare a causa delle crudeltà inflitte al genere umano. Pensiamo a tutti gli attentati, le catastrofi naturali, gli incidenti mortali; traiamone almeno delle lezioni per il dopo, che ci facciano riflettere e ci aiutino a sensibilizzare i cuori.

Wirebook ci permette inoltre di conservare i nostri bei ricordi collezionati nel tempo archiviandoli in un'area riservata, dove saremo noi a decidere chi e quando li potrà vedere. Così come affidiamo agli specialisti del settore le nostre cose di valore, per lo stesso motivo dobbiamo scegliere il luogo virtuale più adatto per conservare i nostri ricordi.

Wirebook è la prima piattaforma dedicata alla memoria di chi ha deciso di vivere per sempre, "aldilà del social". È un'innovativa piattaforma virtuale che si prefigge di mettere in contatto, a prescindere dal luogo di residenza e dalla condizione fisica dei suoi fruitori, persone (parenti, amici e conoscenti, ma non solo) che così possono rivivere e condividere i momenti più belli della nostra vita.

Purtroppo, come ben sappiamo, siccome la vita non è sempre rose e fiori e ci violenta a nostra insaputa quando meno ce lo aspettiamo, a volte anche quando siamo lontani, per mezzo di Wirebook possiamo condividere anche i momenti poco piacevoli con i nostri cari e gli amici coinvolti dalla condivisione di un momento triste, quale appunto il decesso di una persona.

SEGRETO n. 2: usare il social Wirebook per ricordare le persone a noi più care e condividerne i momenti meno piacevoli della vita è un dovere di tutti per non dimenticare nessuno e per farlo nel luogo virtuale più adatto.

Il social Wirebook, visto come luogo digitale di aggregazione, mira a estendersi attraverso i meccanismi di condivisione esponenziali che hanno permesso la divulgazione di Facebook, Twitter, LinkedIn ecc.

Il signor Rossi si iscrive a Wirebook per pubblicare la pagina dedicata al nonno defunto. Tramite l'opzione "condividi", gli viene offerta la possibilità, con un semplice click, di invitare i propri cari. Attivandone la funzione, il sistema è in grado di sincronizzarsi ai contatti mail e social del signor Rossi e rendere veloce l'invio della mail.

La mail che viene generata in automatico dal portale, contenente un breve messaggio di condivisione della pagina del defunto, a discrezione del signor Rossi può essere inviata contemporaneamente a tutti i contatti letti dal sistema oppure solamente a quelli che vengono selezionati.

Il destinatario della mail del signor Rossi riceve, così, un breve messaggio a suo nome con l'invito di condivisione della pagina del defunto tramite un link che rimanda a Wirebook. Cliccando sul link, si viene reindirizzati alla pagina dedicata. Per accedere all'area riservata della pagina viene richiesto il login, in caso di utente già registrato o, nel caso contrario, di effettuare l'iscrizione.

Per favorire e velocizzare i tempi di iscrizione, viene offerta la possibilità di registrarsi anche tramite Facebook con un veloce passaggio. Così facendo, il signor Rossi convoglia un certo numero di contatti che, a loro volta, potranno pubblicare altre pagine e coinvolgere altri parenti e amici.

Riassumendo, Wirebook persegue innanzi tutto i seguenti obiettivi:
1. L'obiettivo principe è connettere la gente per creare un'eredità virtuale tramite My Book creando il proprio libro della vita.
2. Connettere la gente coinvolta in uno dei momenti più tristi della vita, quando cioè viene a mancare una persona cara o un amico, in un ambiente decisamente adeguato ed esclusivamente dedicato a tale scopo.
3. Tramite la collaborazione con le associazioni, sensibilizzare la gente affinché incidenti stradali e altre cause di decessi evitabili siano prevenuti, dando alle famiglie che hanno perso un proprio caro in situazioni analoghe la possibilità di scambiare le proprie esperienze, ma anche consigli su come superare le proprie angosce.
4. Mantenere vivi sia i propri ricordi, creando un vero e proprio diario come eredità virtuale, con foto e video dei momenti migliori della propria vita, sia i ricordi di parenti, amici ecc.

(una "cassaforte" per i nostri ricordi più importanti).
5. Tra i servizi virtuali che la piattaforma metterà a disposizione, ci sono, inoltre, l'invio di telegrammi digitali, fiori virtuali da recapitare sulla pagina commemorativa e molto altro; il tutto grazie a un'applicazione con cui si potrà operare da smartphone o altri dispositivi mobili e superare così i vari gap come distanza, imbarazzi al momento delle condoglianze o altro tipo di disagi.
6. Realizzazione dell'albero genealogico digitale, che consentirà celeri ricerche individuali e amministrative sulla genealogia (ovviamente, per una questione di privacy, ognuno potrà visionare solo il proprio albero genealogico, mentre le amministrazioni comunali avranno accesso all'intero archivio).

Bello vero? Grazie alla tecnologia e alle nostre azioni quotidiane, possiamo dare il nostro contributo per far continuare a vivere i ricordi più belli della nostra vita e di quella dei nostri cari.

Riepilogando questo capitolo, ricordiamo che è possibile scegliere accuratamente anche i luoghi virtuali adatti a ogni occasione, proprio come facciamo nella nostra realtà offline. Abbiamo visto come fare la scelta giusta.

Abbiamo esaminato alcuni requisiti fondamentali nello specifico, di come deve essere e di come non deve essere tale luogo: deve essere un luogo rispettoso, di un settore ben specifico, dedicato al suo fine, deve dare la possibilità di archiviare in modo
sicuro i ricordi personali, deve contenere un diario personale, in poche parole deve essere dedicato e ben specifico allo scopo.

Abbiamo infine individuato anche la piattaforma web più adatta: Wirebook, la prima piattaforma interamente dedicata alla memoria di chi vuol vivere "aldilà del social". Wirebook è una piattaforma virtuale innovativa che ha lo scopo di creare il nostro libro dei ricordi.

Nel prossimo capitolo cercheremo di scovare i lati positivi di un tragico evento.

RIEPILOGO DEL CAPITOLO 3:

- SEGRETO n. 1: scegliere la piattaforma web più adatta per ogni obiettivo ci aiuta a raggiungerlo più in fretta.
- SEGRETO n. 2: usare il social Wirebook per ricordare le persone a noi più care e condividerne i momenti meno piacevoli della vita è un dovere di tutti per non dimenticare nessuno e per farlo nel luogo virtuale più adatto.

Capitolo 4:
Riflessione personale

Un tragico evento non lo vorrebbe vivere nessuno ma, ahimè, nessuno ne è immune. Come possiamo fare per trarne qualcosa di buono o, per meglio dire, cosa può essere utilizzato per trasformarlo in qualcosa di buono?

Riflettere sugli eventi tragici che giorno dopo giorno si susseguono ci permette di sensibilizzare il nostro cuore. Si attiva immediatamente la macchina della solidarietà, che può essere contagiosa (e non è cosa da poco).

La maggior parte della gente è più predisposta ad aiutare gli altri quando accadono eventi inaspettati come terremoti, attacchi terroristici, incidenti stradali, forme di malattia incurabili ecc. Per esempio, per quanto riguarda un incidente stradale mortale, meditare sull'accaduto ci permette di riflettere sulla prevenzione.

SEGRETO n. 1: riflettere sugli eventi tragici ci predispone alla solidarietà e alla prevenzione.

Voglio riportare la testimonianza del presidente dell'Associazione Italiana Familiari e Vittime della Strada che, in prima persona, ha sofferto e continua a soffrire per la scomparsa improvvisa di sua figlia, Valeria Mastrojeni, che all'età di soli 17 anni, nel 1979, è stata vittima di un incidente mortale.

«Valeria non immaginava che nell'ultimo giorno di primavera, il 20 giugno 1997, a soli 17 anni e mezzo, avrebbe lasciato in maniera fulminea e violenta questo mondo. I familiari non sapevano che il sorriso sul volto di Valeria, mentre si accingeva a uscire con il fratello, sarebbe stato l'ultimo sorriso per loro, e ignoravano di ascoltare, nel saluto, le ultime parole per loro.

Valeria stava compiendo un meraviglioso percorso di crescita, caratterizzato da grande impegno, disponibilità, gratitudine e gioia, un cammino di conoscenza e di amore interrotto per sempre dal comportamento irresponsabile di chi ha condotto una Lancia Delta integrale da rally come un pilota di Formula Uno, nella via Università, piccola strada del centro di Messina attraversata da incroci: Valeria è stata investita e uccisa sul marciapiede di fronte alla porta di casa. Il fratello Marcello ha riportato ferite, commozione cerebrale e trauma cranico; l'amico che era con loro ferite gravissime, restando in coma per diversi giorni.

In famiglia facciamo i conti con il dolore sopportando non solo lo strazio della perdita, ma anche la beffa dell'imbroglio perché, come spesso accade, chi ha commesso il reato tenta di stravolgere la verità dei fatti per diminuire la propria responsabilità, a spese del sangue innocente, sicuro di trovare l'appoggio della giustizia. Questa, infatti, calpestando i diritti della vita distrutta e principalmente il diritto alla verità, applica a tappeto il vergognoso e offensivo strumento del patteggiamento o del processo per rito abbreviato.

Così facendo, annulla le differenze tra gli omicidi colposi, azzera la responsabilità dei colpevoli e contribuisce a mantenere la strage, poiché diffonde nella società il messaggio che si può impunemente continuare a delinquere. Valeria, con le sue parole, forti come la roccia, ci incoraggi a reagire a tale malcostume per difendere la vita, indicandoci la via: credere nei valori.

"Fatti coraggio, sorridi nelle difficoltà: la vita è una prova per tutti, un dovere da compiere con amore, un sogno da realizzare, opponendo, alla paura di eventuali sconfitte, la sicura adesione di ciascuno a ciò per cui vale la pena vivere"» (*Pina Cassaniti Mastrojeni*, presidente AIFVS).

Tanti, come la dottoressa Cassaniti, vivono momenti imprevisti e dolorosi come quello su citato. Ecco perché è importante sia battersi per far sì che chi uccide con l'auto venga punito, applicando pene esemplari e certe, sia facendo qualcosa da parte nostra. Voglio raccontarvi un'altra testimonianza, quella di un ragazzo che ha vissuto un incidente grave in prima persona.

«Era il 22/02/03, ero in auto con dei miei amici, stavamo tornando a casa, dopo una serata come tante, passata in discoteca; erano le 2:30 circa e io mi trovavo sul sedile posteriore. Subito dopo una curva, la macchina sulla quale viaggiavamo, causa l'alta velocità e il ghiaccio, ha sbandato invadendo il senso di marcia opposto; il mio amico alla guida, ha tentato di evitare il frontale con un'auto che sopraggiungeva, dando un colpo di sterzo verso sinistra, l'auto è stata colpita sul lato destro anteriore, vicino al faro.

La nostra macchina è andata in testacoda, i miei ricordi si fermano qui; quando ho riaperto gli occhi, mi trovavo riverso sull'asfalto freddo e guardavo il cielo (successivamente ho saputo che, dopo essere andata in testacoda, l'auto sulla quale viaggiavamo si era scontrata frontalmente con un'altra auto che si trovava dietro di noi: l'impatto ci ha scaraventato fuori).

Mi trovavo sull'asfalto, dicevo, sentivo le voci dei soccorritori lontane, una di queste mi ha chiesto di stringergli il dito, ma purtroppo non riuscivo a muovere le braccia. A pochi metri da me, si trovava il mio amico, quello seduto accanto al guidatore, era immobile in posizione fetale, non rispondeva, ho provato a chiamarlo, finché ho avuto fiato, era lì in fin di vita e io non potevo muovermi per aiutarlo.

Successivamente mi hanno portato al pronto soccorso, quindi in un altro ospedale, dove mi hanno operato d'urgenza, la prognosi era: frattura del processo spinoso C2 e lussazione C3 e C4. Ho rischiato molto seriamente prima la vita e poi di non camminare più, mi è stata applicata una gabbia in titanio, ho passato molto tempo su una sedia a rotelle.

Tutt'ora necessito di movimento continuo, vado tutti i giorni in palestra e, quando è possibile, in ospedale per un ricovero a scopo riabilitativo; sono un po' rigido nei movimenti, ma mi ritengo molto fortunato, perché cammino con le mie gambe. Al mio amico non è andata altrettanto bene, lui rimarrà per tutta la vita completamente paralizzato dal collo in giù, respira grazie a un macchinario, dato che ha avuto anche uno schiacciamento polmonare.

Ogni volta che accadono incidenti gravi, i miei occhi diventano lucidi. Spero che la mia testimonianza possa servire a salvare qualche vita» (Simone).

SEGRETO n. 2: riflettere sulle testimonianze di altri ci permette di batterci per i nostri cari che hanno perso la vita ingiustamente e di cambiare alcune situazioni.

Pensiamo a quante volte noi per primi non siamo attenti a mettere in atto tutte le raccomandazioni che ci vengono fatte. A partire dalle più stupide, tipo quella di usare gli auricolari quando si è alla guida, di allacciarsi la cintura di sicurezza, di attenersi ai limiti di velocità e così via, per poi arrivare a omissioni ancora più gravi come l'alta velocità e la guida in stato di ebbrezza o sotto l'effetto di stupefacenti.

Riflettendo su queste cause, abbiamo la possibilità di ricordare gli effetti che possono provocare. La macchina della solidarietà e la prevenzione sono le cose positive che possono scaturire anche da eventi tragici. Lo stesso vale per i disastri naturali. Anche in questo caso, per quanto riguarda la solidarietà, ci sono tante associazioni che si attivano per portare soccorso, per assistere i feriti, per provvedere ai beni di prima necessità.

Per quanto riguarda la prevenzione, negli ultimi tempi sono state promulgate delle leggi più severe sulle costruzioni. Infatti, altra cosa positiva, vengono costruiti sempre più immobili antisismici, rispettando le caratteristiche di tipo idrogeologico e con un impatto ambientale adeguato.

Abbiamo fatto degli esempi su cosa potremmo trarre di positivo da incidenti stradali o da eventi di calamità naturale e cioè, come abbiamo già detto, su come la riflessione metta in moto almeno un paio di cose di cui possiamo essere molto contenti: la solidarietà, nell'immediato, e la prevenzione.

E dagli attacchi terroristici, dalle guerre e da tutte le forme di cattiveria causate dall'uomo cosa possiamo trarre? Anche in questo caso solidarietà e prevenzione sono le cose più importanti, solo che aggiungerei il ricordo, la memoria delle vittime, quasi sempre innocenti. Eroi che perdono la propria vita per salvare gli altri. Anche le vittime che attivamente si impegnano nel salvare gli altri, rischiando anche la loro vita, hanno il diritto di non essere dimenticate.

Riflettere ci dà la possibilità di migliorarci e di essere persone migliori, propense a fare del bene, e questo ci riporta al primo segreto: l'atteggiamento personale nei confronti del nostro prossimo e lasciare un segno positivo nel cuore delle persone. Nessuno dimentica il bene ricevuto e inoltre tutto questo genera ricordi positivi e ci permette di non dimenticare tutti gli eroi e le vittime innocenti che hanno perso la vita per salvarne altre.

Possiamo ricordare le persone a noi care che non ci sono più, chi ha perso la vita a causa di un incidente stradale, di una calamità naturale o perché vittima di terrorismo, ma soprattutto possiamo e, aggiungo, dobbiamo meditare su ciò che ognuno di noi può fare affinché tutto ciò non avvenga più.

Nei capitoli precedenti abbiamo ricordato alcune storie significative, come quella di Irena Sendler. Irena Sendler, da nubile Irena Krzyżanowska, nata a Varsavia il 15 febbraio 1910, e deceduta nel suo paese d'origine il 12 maggio del 2008, è stata un'infermiera e assistente sociale polacca, che ha collaborato con la Resistenza nella Polonia occupata durante la Seconda guerra mondiale.

Divenne famosa per aver salvato, insieme a una ventina di altri membri della Resistenza polacca, circa 2.500 bambini ebrei, facendoli uscire di nascosto dal ghetto di Varsavia, fornendo loro falsi documenti e trovando rifugio per loro in case al di fuori del ghetto. Il suo pensiero era: «Ogni bambino salvato con il mio aiuto è la giustificazione della mia esistenza su questa terra, e non un titolo di gloria».

Come ricordare queste persone? Grazie alla tecnologia ben usata e ai giusti social network, tutti possiamo vivere per sempre. Grazie al lavoro e all'impegno dei familiari di chi ha perso un proprio caro in un incidente stradale, grazie anche a chi si presta nelle opere di soccorso, quando ci sono delle tragedie, o dei disastri naturali, o degli attentati. Tutte queste persone che si impegnano attivamente, fanno sì che noi possiamo riflettere su quello che è il senso della vita e meditare sul perché di questi avvenimenti, se si possono veramente evitare e se tutti noi possiamo fare davvero qualcosa.

È giusto e doveroso che tutte le persone che si impegnano in queste attività sociali vengano ricordate, perché sono degli eroi, sono le vere persone famose che dovremmo ricordare.

Per fare un breve riepilogo, possiamo dire che, anche quando succedono eventi spiacevoli, possiamo trarre il meglio di quello che ci accade, perché tali eventi fanno parte della nostra vita.

SEGRETO n. 3: traiamo tutto ciò che c'è di positivo da un tragico evento guardando avanti, perché nessuno ne è immune, trasformando il dolore in forza per aiutare gli altri.

Trarre il meglio vuol dire portare solidarietà, vuol dire anche prevenzione e, soprattutto, vuol dire mantenere il ricordo. Ed ecco perché è su questi aspetti che bisogna focalizzarsi: avere degli obiettivi nobili affinché, chi perde la vita non la perda invano, senza una ragione.

Nel prossimo capitolo parleremo di persone famose. O meglio, parleremo di persone che sono diventate famose grazie ai loro sforzi e alle loro opere di soccorso nell'aiutare gli altri e di persone vittime innocenti.

RIEPILOGO DEL CAPITOLO 4:

- SEGRETO n. 1: riflettere sugli eventi tragici ci predispone alla solidarietà e alla prevenzione.
- SEGRETO n. 2: riflettere sulle testimonianze di altri ci permette di batterci per i nostri cari che hanno perso la vita ingiustamente e di cambiare alcune situazioni.
- SEGRETO n. 3: traiamo tutto ciò che c'è di positivo da un tragico evento guardando avanti, perché nessuno ne è immune, trasformando il dolore in forza per aiutare gli altri.

Capitolo 5:
Vivere "aldilà del social"

Aldilà del social, i protagonisti della nostra vita siamo noi. Spetta a noi dare una direzione in tutte le azioni che compiamo, perché ognuna di esse scriverà o determinerà il nostro futuro. L'obiettivo di questo libro è quello di far abituare le persone a usare efficacemente alcuni ausili, che deteniamo e usiamo tutti i giorni, affinché diventino:

1. il My Book il libro della nostra vita, che sarà utile ai nostri figli per riscoprire le proprie origini, capire perché viviamo con delle convinzioni che sembrano istallate in noi e come può essere utile l'esperienza dei nostri genitori per il nostro bene;

2. una lezione per i nostri figli o, in base alle nostre esperienze di vita, anche lezioni per tutti;

3. infine, il modo per raggiungere l'obiettivo ben preciso di vivere per sempre nei ricordi di più persone possibili: solo allora saremo immortali.

SEGRETO n. 1: il nostro My Book, il libro della nostra vita, è utile ai nostri figli per riscoprire le proprie origini e capire perché viviamo con delle convinzioni che sembrano istallate in noi.

Ora vi racconto molto brevemente cosa mi ha portato alla necessità di creare qualcosa che rendesse la nostra vita indimenticabile e istruttiva per gli altri.

Analizzato questo aspetto comune, vi racconto cosa mi ha spinto personalmente a pensare, e poi a creare assieme ai miei collaboratori, la piattaforma Wirebook, e in particolare questa funzione.

Cosa mi ha portato a pensare a questo progetto? Semplice, l'idea di creare qualcosa che rendesse la nostra vita "indimenticabile". Come anticipato nei paragrafi precedenti, in giovane età, un mese prima del mio matrimonio, ho subìto una prova molto dura per le circostanze in cui mi trovavo, dovevo sposarmi un mese dopo e mio padre si è addormentato nella morte. Purtroppo il primo scherzo poco piacevole che la vita mi ha riservato l'ho subìto

proprio quando iniziavo a essere maturo, e allo stesso tempo solo in quel periodo cominciavo a dare il giusto peso ai suoi insegnamenti e ad apprezzarli. Mi sarebbe piaciuto conoscere altre sue esperienze di vita, altri insegnamenti, condividere e scambiare pensieri con lui, magari leggere un suo libro o un diario in cui raccontava le sue esperienze, ma purtroppo è andata così.
Non possiamo cambiare il passato, ma possiamo certamente cambiare il nostro futuro e possiamo farlo con dei piccoli gesti quotidiani ben precisi, seminando per così dire per il nostro futuro.

Nel frattempo, ho messo su famiglia, mi sono sposato con Mary, la donna della mia vita, con lei quest'anno mentre scrivo questo libro festeggiamo i nostri venticinque anni insieme di cui 15 vissuti in tre.

Dopo dieci anni di matrimonio nella nostra vita apparve un sole meraviglioso: la nascita di Giorgia nostra figlia. Qualche anno di grande serenità, e di nuovo un grande vuoto: quando mia figlia era ancora piccola, venne a mancare anche mia madre.

Da quel momento nella mia mente si è innescato un pensiero fisso: la paura di non poter rivedere o ricordare i momenti più belli trascorsi con loro. Volevo condividere il loro vissuto con gli altri, soprattutto con mia figlia, che non aveva avuto la possibilità di conoscerli. E da lì il pensiero di non voler essere, a mia volta, dimenticato in futuro.

Così ho deciso di mettere la mia esperienza a disposizione di chi, come me, non vuole dimenticare e non vuole essere dimenticato. Compensare i nostri vuoti con il ricordo, darà un prosieguo di noi quando ci addormenteremo con la speranza nella resurrezione e, chissà, quando ci risveglieremo saremo felici di sfogliare il nostro Mybook elettronico insieme ai nostri a cui lo abbiamo lasciato in eredità.

Questo pensiero mi ha portato a coltivare l'idea di creare una piattaforma che rispondesse a dei requisiti ben precisi e che potesse servire a chi come me prova un forte desiderio di rivivere sensazioni uniche, ma soprattutto rivivere alcuni momenti del passato e magari cogliere dei particolari interessanti che prima dal vivo non era stato in grado di cogliere.

Se i miei genitori, come anche gli altri, avessero avuto la possibilità di scrivere la loro storia, sarebbe stato un grande dono per ognuno di noi, avrebbero lasciato una bella eredità virtuale molto preziosa basata sulle loro esperienze, sui momenti di felicità che hanno vissuto, su come hanno superato alcune prove difficili, ad esempio un problema di salute o economico, e tante altre informazioni che, viste dopo anni, ci permettono di capire cose che non avevamo compreso prima.

Cose complesse, come una punizione che abbiamo ricevuto a fin di bene e che avevamo classificato come una privazione, una lode a cui non avevamo dato importanza e che, vista a distanza di tempo, ci rendiamo conto che è stata davvero una lode potenziante che ci ha fatto crescere con una visione della vita del tutto positiva, anche quando la vita riserva brutti scherzi. Vivere "aldilà del social" ci rende immortali.

SEGRETO n. 2: vivere "aldilà del social" vuol dire poter vivere la nostra vita e farla rivivere anche ai nostri figli.

Oltre a farci vivere per sempre, ci aiuta a non dimenticare, a ricordare anche chi ha speso la propria vita per gli altri. Per riepilogare, vivere "aldilà del social" vuol dire che possiamo scrivere la nostra vita e documentarla per mezzo di pensieri, foto, video e tutte le esperienze che vogliamo, a beneficio di chi vivrà dopo di noi.

Lo faremo per mezzo di un diario virtuale che giorno per giorno ci chiederà quali sono le tre cose più belle che abbiamo fatto durante la giornata, dandoci la possibilità di ricordarle e conservarle. Inoltre ci porrà un'altra domanda, quella di pensare a una cosa andata storta nella giornata e di trarne una lezione per il futuro. Il tutto sarà corredato da immagini, video e pensieri per lasciarne ricordi e lezioni di vita pratiche a chi ci sta a cuore.

Tutto questo è possibile farlo su una piattaforma web nata proprio per questo: Wirebook. Il nostro contributo sarà veramente prezioso per gli altri perché ci permetterà di condividere storie belle e meno belle, ma soprattutto di non dimenticare chi la vita l'ha sacrificata per gli altri.

La superficialità con cui in questi anni si tende a vivere la vita ci porta per lo più a ricordare personaggi famosi della Tv o dello spettacolo. Senza togliere nulla a loro, vogliamo soffermarci su un altro tipo di persone famose, ossia quelle persone che nei capitoli precedenti abbiamo chiamato eroi. Sono persone comuni ma sempre in prima linea quando si verificano disastri di ogni tipo.

Solo per citarne alcune: ci sono i Vigili del Fuoco, gli operatori della Protezione Civile, le forze dell'ordine e tanti volontari e associazioni di volontari che prestano soccorso non appena succede qualcosa di sconvolgente. E poi ci sono, come dicevamo nel capitolo precedente, persone che hanno perso una figlia, un genitore, un fratello in un incidente stradale per colpa di qualcuno che era alla guida ubriaco o sotto l'effetto di stupefacenti.

Sono tutte persone che dovrebbero essere ricordate in modo che la loro morte, o il loro impegno, nel caso dei soccorritori, non siano vani. Noi abbiamo il dovere morale di renderle speciali agli occhi della gente e di ricordarle per sempre. Tutto questo possiamo farlo grazie alla tecnologia e con l'aiuto dei social adatti a tale scopo.

Come abbiamo visto nei capitoli precedenti, ci sono dei social che sono stati creati per tale scopo, quindi non dobbiamo fare altro che seguire tutti i consigli che sono stati elencati in questo libro. In questo modo, un tassello dopo l'altro, anche queste persone potranno essere ricordate, ma soprattutto possiamo fare sì che tutti gli avvenimenti poco piacevoli si trasformino in qualcosa da cui trarre beneficio, come solidarietà, prevenzione e ricordo.

Le persone che vorrei che diventassero "famose", e quindi ricordate anche più delle altre, sono gli eroi invisibili, le persone che hanno fatto tanto per salvare altre vite rischiando la propria. E, perché no, vorrei che fossero "famosi" anche i nostri genitori, i nostri figli, i nostri parenti e gli amici più cari, perché fanno parte tutti della nostra vita ed è bello poterli ricordare sempre nel tempo, lasciando in eredità a chi verrà dopo di noi un percorso di vita trascorso nei secoli.

Ho sempre riflettuto su questa parte della vita di ognuno di noi e ho cercato il modo di essere ricordato io stesso, in prima persona; ma soprattutto volevo che anche i miei cari potessero essere ricordati per sempre.

Purtroppo la vita è diventata troppo frenetica, la gente ha sempre meno tempo per gli altri ed è per questo motivo che ci serviamo dei mezzi elettronici e del web; per mezzo dei sistemi automatizzati che sono a nostra disposizione, possiamo quantomeno commemorare i nostri eroi e ricordare quello che hanno fatto per noi.

SEGRETO n. 3: ricordare chi ha perso la vita per salvarne un'altra è un dovere di tutti, come anche essere vicini ai suoi familiari.

Tramite alcuni siti web – il portale Wirebook, ad esempio, con tutte le sue funzioni – potremo dare voce ai nostri ricordi ogni volta che vorremo farlo. Potremo aiutare e far sentire il nostro affetto a parenti e amici con un semplice click.

Di eroi ce ne sono molti, e tutti meriterebbero di essere ricordati per sempre. Di seguito ne cito alcuni.

Ceecee Lyles era una hostess. Si trovava sul volo United Airlines 93, uno di quelli dirottati l'11 settembre 2001, quello che si schianterà sulla Pennsylvania, senza raggiungere il proprio obiettivo. La sua ultima telefonata è rimasta registrata sulla segreteria telefonica del marito e resa poi pubblica. Ceecee Lyles, di fronte alla consapevolezza della morte, ha tentato di salutare per l'ultima volta le persone care.

«Nonno eroe è morto per salvare la famiglia a Livorno»: è il titolo di giornale. Roberto Ramacciotti voleva salvare la nipotina più grande, di quattro anni, e il nipotino di soli due anni. Nel farlo, il nonno di Livorno, che era stato l'unico a riuscire a mettersi al sicuro dal fango che aveva invaso l'appartamento in un seminterrato in viale Nazario Sauro, ha perso la vita.

Era sopravvissuto, ma non poteva assistere alla morte dei due bambini, perciò si è rituffato tra la melma, per cercare di salvare anche loro. Due, tre tuffi nell'acqua limacciosa per provare a portare al sicuro i bimbi e i loro genitori. Ma dopo avere recuperato il maggiore dei nipoti, il nonno non ce l'ha fatta e non è più tornato a galla. Le vittime di quella famiglia sono state 4: una mamma, un papà, un bimbo e il nonno.

Xavier Jugelé, il poliziotto francese ucciso dall'odio di Karim Cheurfi.

LAY FOTO *Parigi, sparatoria sugli Champs Elysées*

Avrebbe compiuto 38 anni a distanza di qualche giorno Xavier Jugelé, il poliziotto francese ucciso dall'odio di Karim Cheurfi, nell'attacco sugli Champs-Élysées. Nel novembre del 2016 aveva voluto essere presente al concerto di Sting per la riapertura del *Bataclan*, la sala da concerto parigina assaltata dai terroristi l'anno prima in una serie di attacchi coordinati che avevano fatto 130 morti.

Era in servizio con la 32ma Compagnia di intervento e responsabile del turno di servizio a guardia di un centro culturale turco, quando Cheurfi ha aperto il fuoco con un kalashnikov, uccidendolo sul colpo e ferendo altri due colleghi. Il 20 gennaio 2016 aveva ricevuto un encomio per il coraggio dimostrato in occasione dell'evacuazione di un palazzo di Boulogne-Billancourt, dove si era verificata una forte esplosione.

Serviamoci della tecnologia e dei social network dedicati alla memoria per dare continuità alla vita di queste persone affinché possano continuare a esistere nel nostro cuore. Per dare la giusta dignità e il rispetto che meritano, sia a loro sia ai loro cari, usiamo i giusti social specializzati dove possiamo rendere loro il giusto onore e commemorare le loro opere. Dopotutto la tecnologia serve anche a questo.

È nostro dovere di esseri umani sostenere i nostri simili quando affrontano delle prove difficili nel corso della vita e ricordarli quando non ci sono più. Se ci riflettiamo, nessuno di noi è immune alle sventure e nessuno di noi vorrebbe essere dimenticato.

In questo capitolo abbiamo riflettuto su alcuni eventi di cronaca realmente accaduti per far sì che persone del tutto sconosciute, che per amore del prossimo hanno sacrificato la propria vita, diventino famose; ma prenderemo in considerazione anche alcune prove che la vita ci pone dinanzi e come superarle emotivamente, in modo del tutto positivo.

Chi può dire di essere immune agli imprevisti della vita? La risposta è ovvia: nessuno. Facciamo l'esempio di una persona a cui viene diagnosticata una malattia incurabile. Il soggetto malato entra in un tunnel che, in base alla sua capacità di reagire, metabolizzerà in modo positivo o negativo. Lo stesso problema lo avranno i suoi familiari, il coniuge, se è sposato, un figlio, se ce l'ha, e chiunque gli sia affezionato.

In ognuno dei capitoli che abbiamo già esaminato ci sono consigli che possono esserci utili se ci dovessimo ritrovare in situazioni simili. L'atteggiamento mentale, i ricordi positivi, le nostre belle foto, i nostri momenti di felicità, la riflessione, la vicinanza dei nostri cari sono tutti tasselli importanti che ci aiuteranno nei momenti in cui siamo provati dalla vita.

Abbiamo visto che azioni semplici e quotidiane, che di solito facciamo senza rendercene conto, come fare belle foto di famiglia, di esperienze avute in vacanza, di una giornata al lago con il figlio, di una splendida giornata in campagna o al mare, con gli amici o con i genitori, specie se avanti negli anni, sono ricordi che, se conservati nel posto giusto, ci aiuteranno a vivere per sempre.

SEGRETO n. 4: l'atteggiamento mentale, i ricordi positivi, le nostre belle foto, i nostri momenti di felicità, la riflessione, la vicinanza dei nostri cari sono tasselli importanti che ci aiuteranno nei momenti in cui siamo provati dalla vita.

Testimonianza: Livio, tumore al rene e neurinoma
«Mai arrendersi: quando meno te lo aspetti, qualcosa può ridare speranza» (Livio, all'età di quattro anni, ha affrontato un tumore al rene e da quando ne ha 21 convive con un neurinoma, ma grazie alla ricerca può condurre una vita normale e ricca di soddisfazioni).

«Della mia prima infanzia, in fondo, non ho un brutto ricordo. Eppure non è stata sempre giochi e spensieratezza. Avevo solo quattro anni quando, nel 1974, in preda a fortissimi dolori all'addome, i miei genitori, preoccupati, mi portarono in ospedale. Per i medici si trattava di un'appendicite e bisognava intervenire d'urgenza, ma durante l'intervento si accorsero che la questione era un'altra: una grossa massa tumorale sul rene destro.

Mi tolsero tutto e fui trasferito all'Istituto nazionale tumori di Milano per le cure: chemio e cobaltoterapia. Nella sfortuna di essermi ammalato così giovane, avevo però la fortuna di non rendermi conto di cosa stava accadendo. Nei vaghi ricordi di quel periodo ci sono gli ambienti accoglienti e pieni di giochi dei reparti pediatrici che mi hanno ospitato, medici gentili e affettuosi e i miei genitori, sempre allegri e ottimisti, nonostante tutto.

È grazie a loro che non ho mai avuto paura; mi sono sempre stati accanto tra le difficoltà, compresa quella di affrontare tutto aspettando l'arrivo di mia sorella, nata proprio allora.

Dopo le terapie tornai a vivere una vita normale e mi appassionai allo sport – basket, sci, atletica – e scoprii il piacere di viaggiare; ma arrivato a 21 anni, durante uno dei soliti controlli, mi diagnosticarono un grosso neurinoma a clessidra, un tumore dei nervi spinali, localizzato nella zona lombo-sacrale. Con una doppia operazione me ne tolsero una parte e per questo persi la funzionalità del piede sinistro per sei mesi, ma dopo questo periodo mi rimisi in sesto.

Qualche anno dopo, nel 1997, mi rimossero un'altra porzione del tumore e questa volta la perdita della mobilità del piede fu definitiva. Non mi demoralizzai. Avevo perso la possibilità di praticare gli sport come prima, ma mi restava tutto il resto, compresa la mia passione per la fotografia che diventò anche il mio lavoro. Ma c'era ancora un conto in sospeso con il tumore. La porzione centrale del neurinoma era ancora là, e nel 2003 mi fu comunicato che non era più possibile asportarla.

A causa di un errore commesso nel primo intervento, il restante tumore si trovava in una posizione tale da rendere pericolosa la sua rimozione. Le mie speranze dipendevano dalla sua velocità di crescita.

La ricerca medica, però, fa progressi e, nel 2006, mi dissero che grazie a una nuova tecnica chirurgica, chiamata *cyberknife*, l'operazione era diventata fattibile. Ma al momento non è necessario; il mio neurinoma se ne sta lì tranquillo.

I controlli annuali che faccio dicono che è stabile e che non occorre intervenire. Ho anche ripreso a fare un po' di attività fisica per ridare tono ai muscoli che si erano indeboliti e continuo a vivere la mia vita: il lavoro con matrimoni, moda e pubblicità, gli amici, la fidanzata; sempre con tanta speranza e passione». (http://www.airc.it/cancro/storie-speranza/livio-tumore-rene-e-neurinoma/).

Questo ragazzo ci lascia una bella lezione di vita e soprattutto ci dimostra che con il suo atteggiamento, per mezzo dei ricordi belli, anche se in sale di ospedali, con l'aiuto di bravi medici e con la passione per la fotografia ha superato i suoi momenti tristi. Inoltre, con la sua testimonianza ci rende più ricchi e consapevoli del fatto che tutto si può affrontare con il giusto atteggiamento.

SEGRETO n. 5: l'atteggiamento positivo, l'ambiente in cui viviamo e un hobby preferito ci sosterranno durante i

percorsi spigolosi della vita.

Anche il video è un mezzo molto potente che ci permette di rivivere i nostri momenti belli e meno belli e, soprattutto, ce li fa rivivere per sempre. Rivedere un video di come ci si è presi cura di un nostro familiare, o viceversa, se il nostro familiare lo ha fatto per noi, porterà alla mente bei ricordi e molto apprezzamento per il bene ricevuto.

Per scrivere questo capitolo ho dovuto leggere tante esperienze, ma la cosa che mi rincuora è che le ho trovate tutte di persone meravigliose e con la voglia di vivere, che hanno lottato con vigore e serenità, descrivendo addirittura che le persone che stavano intorno soffrivano più di loro, ma non si sono abbattute, hanno mantenuto il giusto atteggiamento e hanno vinto. Altre hanno invece riscontrato che il sostegno morale e pratico dei parenti è stato importante per superare lo shock della notizia data loro dal medico.

Il sostegno dei familiari vale più dell'oro per chi lo riceve perché ti fa sentire il calore di chi ti ama, ma a volte non basta. Come aiutare i pazienti ad affrontare l'incertezza del futuro? Il futuro di per sé è incerto e aleatorio, ma rappresenta il tempo della costruzione della vita da lì in avanti, ogni volta da lì in avanti, fintanto che non si realizza una sorta di pianificazione della nostra vita su cui sostare con sufficiente stabilità.

Tanti sono i fattori che ne determinano l'esistenza, ad esempio gli insegnamenti e le imitazioni, le convinzioni limitanti o potenzianti e l'ambiente in cui viviamo, comprese le usanze del posto. Il futuro, per definizione, è il tempo della non certezza perciò non c'è tanta differenza tra una persona sana e una persona malata nelle possibilità che entrambe hanno a disposizione.

L'unica grande differenza sul futuro consiste nella possibilità di avere speranza oppure no. Quando si è sani, quasi non si fa caso a ciò ed è quindi nei momenti tragici, e a maggior ragione in quelli definitivi, che la speranza ha il suo ruolo e dà al malato la possibilità di vivere il futuro e addirittura di costruirlo esattamente come farebbe una persona sana. Se il tempo della costruzione del futuro è proprio il tempo dell'attesa, ogni persona, sana o malata che sia, mette in campo le proprie aspettative, le proprie ambizioni, le proprie abilità e tira fuori il meglio.

SEGRETO n. 6: il futuro, per definizione, è il tempo della non certezza, quindi non c'è tanta differenza tra una persona sana e una persona malata, perché il tempo della costruzione del futuro è identico in entrambi i casi.

Se il tempo della costruzione del futuro è proprio il tempo dell'attesa, ogni persona, sana o malata che sia, mette in campo le proprie aspettative, le proprie ambizioni, abilità e tira fuori il meglio nelle possibilità che entrambi hanno a disposizione.

Il tempo che resta da vivere, ossia l'attesa, va investito allo stesso modo, come se non si conoscesse la "data di scadenza": so che è difficilissimo, ma questa a mio parere è l'unica cosa buona da fare per se stessi. Anzi, è proprio perché si sa che la vita è agli sgoccioli che subentra ciò che si chiama "utilità marginale", da un concetto di economia che afferma che l'ultima parte di un bene è la più redditizia. Non a caso si dice che la speranza sia l'ultima a morire.

Non bisogna mai farsi cogliere dalla depressione. Farsi cogliere dalla depressione senza saperla gestire vuol dire già "morte". E perché mai morire ancora prima del previsto? Una buona preparazione all'attesa dovrebbe contemplare pensieri di vita "normale" sapendo che il tempo è relativo. Com'è possibile aiutare i familiari dei malati nel difficile ruolo di supporto al proprio caro? È molto probabile che il malato abbia una famiglia alle spalle ed è importante che questa sia aiutata a sopportare la malattia del proprio familiare o del proprio caro.

SEGRETO n. 7: farsi cogliere dalla depressione senza saperla gestire vuol dire già "morte"; una buona preparazione all'attesa dovrebbe contemplare pensieri di vita "normale" sapendo che il tempo è relativo.

Non c'è molto da fare: la prima cosa è restare nella verità della situazione, senza fingere, senza essere buonisti o inutilmente pietosi. È importante continuare a vivere pur preparandosi ad affrontare il "vuoto" che resterà.

Un vuoto che, come abbiamo più volte scritto nei capitoli

precedenti, potrà essere colmato da ricordi incisi in modo indelebile nei nostri cuori, nel nostro My Book e su tutti i mezzi a nostra disposizione "aldilà del social".

RIEPILOGO DEL CAPITOLO 5:

- SEGRETO n. 1: il nostro My Book, il libro della nostra vita, è utile ai nostri figli per riscoprire le proprie origini e capire perché viviamo con delle convinzioni che sembrano istallate in noi.
- SEGRETO n. 2: vivere "aldilà del social" vuol dire poter vivere la nostra vita e farla rivivere anche ai nostri figli.
- SEGRETO n. 3: ricordare chi ha perso la vita per salvarne un'altra è un dovere di tutti, come anche essere vicini ai suoi familiari.
- SEGRETO n. 4: l'atteggiamento mentale, i ricordi positivi, le nostre belle foto, i nostri momenti di felicità, la riflessione, la vicinanza dei nostri cari sono tasselli importanti che ci aiuteranno nei momenti in cui siamo provati dalla vita.
- SEGRETO n. 5: l'atteggiamento positivo, l'ambiente in cui viviamo e un hobby preferito ci sosterranno durante i percorsi spigolosi della vita.
- SEGRETO n. 6: il futuro, per definizione, è il tempo della non certezza, quindi non c'è tanta differenza tra una persona sana e una persona malata, perché il tempo della costruzione del futuro è identico in entrambi i casi.

- SEGRETO n. 7: farsi cogliere dalla depressione senza saperla gestire vuol dire già "morte"; una buona preparazione all'attesa dovrebbe contemplare pensieri di vita "normale" sapendo che il tempo è relativo.

Conclusione

In questo libro abbiamo esaminato i cinque segreti che ci permettono di rimanere immortali per sempre nella memoria delle persone a noi più care.

Primo: atteggiamento

Come abbiamo scritto prima, e come si evince anche dal titolo, questo segreto ci permetterà di vivere vedendo la vita sempre dal punto di vista migliore, anche nei momenti difficili, e di lasciare nella mente e nel cuore delle persone un pensiero positivo nei nostri confronti; quindi è un valido segreto per mantenere vivo il ricordo di una persona. Come lo è anche quello di catturare giorno per giorno i momenti più belli della nostra vita, condividerli con le persone a cui teniamo, incidendo il loro cuore, e conservarli nel luogo e nel modo più adatti affinché anche questi momenti possano tornare a essere nella mente delle persone un ricordo che dura per sempre.

Secondo: eredità virtuale
Come nella vita reale, quando dobbiamo fare qualsiasi cosa, scegliamo il luogo adatto, anche nel web dovremmo fare la stessa cosa.

Abbiamo fatto l'esempio di una persona che si deve sposare e che sceglie la sala ricevimenti adeguata e non si rivolge al primo ristorante che gli capita sotto mano semplicemente perché non è attrezzato per organizzare ricevimenti. Allo stesso modo, creeremo la nostra eredità virtuale servendoci della giusta piattaforma web dedicata a tale scopo.

Terzo: la riflessione
Riflettere sugli eventi tragici che giorno dopo giorno si susseguono ci permette di sensibilizzare il nostro cuore, di meditare sulle vittime innocenti che hanno perso la vita e sugli eroi che la perdono per salvare altri. E ci permette di evitare di ripetere gli stessi errori facendo prevenzione.

Quarto: "aldilà del social"
Questo segreto parla di persone famose, non dei vip, bensì dei

nostri eroi, quelli che perdono la vita per salvarne altre, oppure delle vittime innocenti che ogni giorno perdono la vita in attentati o catastrofi naturali. Queste persone dovrebbero essere "famose" e ricordate più delle altre. Sono gli eroi invisibili, le persone che hanno fatto tanto per salvare altre vite rischiando la propria.

Tutto ciò è possibile farlo se guardiamo "aldilà del social" con una nuova visione. Tramite siti web di settore, come il portale Wirebook con tutte le sue funzioni, potremo dare voce ai nostri ricordi ogni volta che vorremo. Potremo aiutare e far sentire il nostro affetto ai loro familiari con un semplice click.

Questo è uno dei segreti più importanti in quanto coinvolge più persone; in questo segreto abbiamo visto che azioni semplici e quotidiane, immortalate in foto di famiglia o in video di esperienze avute in vacanza, di una giornata al lago con il figlio, di una splendida giornata in campagna o al mare con amici o con i genitori avanti negli anni, sono ricordi che, se ben conservati nel posto giusto ci aiuteranno a vivere per sempre.

A nostra disposizione, infatti, abbiamo anche i video, un mezzo molto più potente delle foto. Il video ci permette di rivivere i nostri momenti belli e meno belli ogni volta che ne sentiamo il bisogno e, soprattutto, di farceli rivivere per sempre. Ci aiuta a ricordare e a essere ricordati.

Quinto: affrontiamo le prove con visione positiva
È difficile affrontare una prova con una visione positiva, ma non impossibile. Per mezzo dell'atteggiamento positivo, un'attitudine che dovremmo imparare a gestire sempre, sia quando le cose ci vanno bene sia quando ci vanno male, riusciremo a farlo.

Se siamo ben allenati ad avere un atteggiamento positivo ci sarà più facile gestire anche le prove che nel percorso della vita tutti, chi più chi meno, dobbiamo affrontare.

Siamo così giunti al termine, che dire di più? Buona vita a tutti, buon My Book e ci vediamo "aldilà del social".

«Vivere per sempre è uno stile di vita».
«Morire con stile ci rende immortali».

Elia Angelini

Sito internet: http://www.comeviverepersempre.it

www.ingramcontent.com/pod-product-compliance
Lightning Source LLC
Chambersburg PA
CBHW070514090426
42735CB00012B/2782